THIS BOOK BELONGS TO:

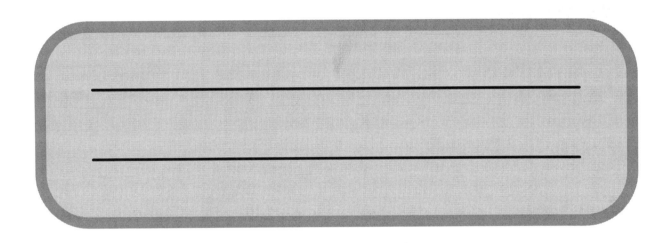

HELLO LITTLE LANGUAGE LEARNER

LET'S HAVE SOME FUN AND LEARN HIRAGANA.

THIS BOOK IS PACKED WITH FUN ACTIVITIES LIKE:

- WRITING PRACTICE

- COLORING PICTURES WITH VOCABULARY

- WORD SEARCHES

やった
Hooray!

WE HAVE A SURPRISE FOR YOU

SCAN THE CODE ON THE BOTTOM TO GET EXTRA

COLORING PAGES AND PRACTICE SHEETS.

IF YOU NEED HELP ASK YOUR PARENTS.

IF YOU LIKE THIS WORKBOOK, THEN PLEASE LEAVE US A
REVIEW ON AMAZON. IT HELPS OUT A LOT AND MAKES
SURE THAT WE CAN CONTINUE MAKING BOOKS FOR YOU.
THANK YOU VERY MUCH!
WE WISH ALL THE BEST ON YOUR JAPANESE LANGUAGE
JOURNEY :)

Katakana For Kids
NOW AVAILABLE ON AMAZON

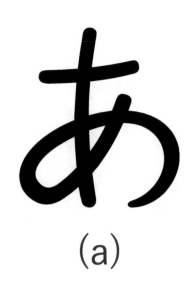

(a)

あり - ant
(ari)

あ			あ	あ	あ

あ - Words

```
つ せ も ぬ あ あ い さ つ ち
り ね ね お さ わ く た た あ
わ こ は ち ご 　 に あ ふ お
さ あ し た は へ け か め い
れ る れ に ん め あ る よ る
い ひ む む な に か い の あ
わ ら お ぬ す え ん あ る お
る あ め ぬ め に ぼ か ろ ぞ
ま し き や あ さ う い め ら
い や つ あ の ろ さ け み
```

あさ - Morning
(asa)

あかるい - Bright
(akarui)

あめ - Rain
(ame)

あかんぼう - Baby
(akanbou)

あおい - Blue (color)
(aoi)

あさごはん - Breakfast
(asagohan)

あおぞら - Blue sky
(aozora)

あした - Tomorrow
(ashita)

あかい - Red (color)
(akai)

あいさつ - Greeting
(aisatsu)

い
(i)

いちご - strawberry
(ichigo)

い - Words

えらこ　む　おみらせ
りれいましょうね　む
とほきやへくけめひひ
すきか　ほみへりりけ
ほそつりねくそいはい
いりそなめむきぬさす
よいまるほみゆむいゞ
のえれ　いちんさろた
いもうとないしにうめ
つまはほけすえはわす

いえ - House
(ie)

いろ - Color
(iro)

いぬ - Dog
(inu)

いもうと - Younger sister
(imouto)

いす - Chair
(isu)

いましょう - Let's go!
(imashou)

いま - Now
(ima)

いすゞ - A car brand
(isuzu)

いち - One
(ichi)

いし - Stone
(ishi)

う
(u)

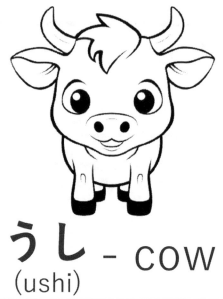

うし – COW
(ushi)

う		う	う	う	

う - Words

```
る ち き お た を る り そ よ
う ら な へ え も ぬ ち ふ ん
て ふ う わ さ う ん て ん ひ
す れ き す や ひ い そ ゆ
や か こ う み す た ま え み
の ふ い さ れ    さ は れ わ
う の ほ ぎ た る へ う み ふ
り ち る う ち は せ ろ つ く
き う く を り う ま う た き
う え ひ か    ふ さ    む わ
```

うさぎ - Rabbit
(usagi)

うえ - Above
(ue)

うみ - Sea
(umi)

うら - Back
(ura)

うた - Song
(uta)

うんてん - Driving
(unten)

うち - Home
(uchi)

うわさ - Rumor
(uwasa)

うま - Horse
(uma)

うり - Selling
(uri)

(e)

えんぴつ - pencil
(enpitsu)

え - Words

けたえんぴつけずりせ
へるえんしゅうなやえ
わもななゆえいごよん
となえだらむなせほぎ
ねししええきみえかえ
んいすきれさむきえん
まつんまるみえ　まと
み　つえかさんおてつ
はぬうん　しぴかおい
えいがきれ　つそけを

えき - Train Station
(eki)

えんしゅう - Practice
(enshuu)

えんぴつ - Pencil
(enpitsu)

えんぴつけずり - Pencil sharpener
(enpitsu keshi)

えいご - English (language)
(eigo)

えんとつ - Chimney
(entotsu)

えいが - Movie
(eiga)

えきまえ - In front of the station
(ekimae)

えだ - Branch
(eda)

えんぎ - Monkey
(engi)

お

(o)

おばけ - ghost
(obake)

お　お　お　お　お

お - Words

ほ ろ ほ た 　 ら の そ は そ
く や ろ 　 た お お き い お
く お ふ ろ ひ お と う と て
お ふ よ け そ ん や あ 　 あ
ん お と こ の こ れ つ ら ら
お か あ さ ん た お ん な い
　 お に ふ ろ れ む や や つ
て お お ば あ さ ん な う お
ひ さ ほ な れ い ほ へ へ ち
む か の え す れ わ ふ り ゃ

おおきい - Big
(ookii)

おとこのこ - Boy
(otokonoko)

おんな - Woman
(onna)

おばあさん - Grandmother
(obaasan)

おとうと - Younger brother
(otouto)

おおさか - Osaka (a city in Japan)
(Oosaka)

おちゃ - Green tea
(ocha)

おてあらい - Restroom, toilet
(otearai)

おふろ - Bath
(ofuro)

おかあさん - Mother
(okaasan)

か

(ka)

かめ - turtle
(kame)

か	ワ	カ	ガ	か	か

| か | | | | | |

| か | | | | | |

| か | | | | | |

| か | | | | | |

か - Words

へ る 　 つ り う ら ほ て ね
ゆ ち み く り つ へ や ろ か
け く ふ へ 　 あ そ ら ひ ば
ま め か よ か ら れ か さ ん
さ ま ぜ ぬ わ ゆ む ち む き
め ろ か ん こ う い ゅ て な
か わ い い れ の か う む か
け る ほ け わ る み し て ぞ
か に か わ ま を こ ゃ む く
さ 　 き け ま ん え こ き い

かさ - Umbrella
(kasa)

かぞく - Family
(kazoku)

かわ - River
(kawa)

かみ - Paper / Hair
(kami)

から - Empty
(kara)

かんこう - Sightseeing
(kankou)

かばん - Bag
(kaban)

かわいい - Cute
(kawaii)

かぜ - Wind
(kaze)

かちゅうしゃ - Car
(kachūsha)

き

(ki)

きりん - giraffe
(kirin)

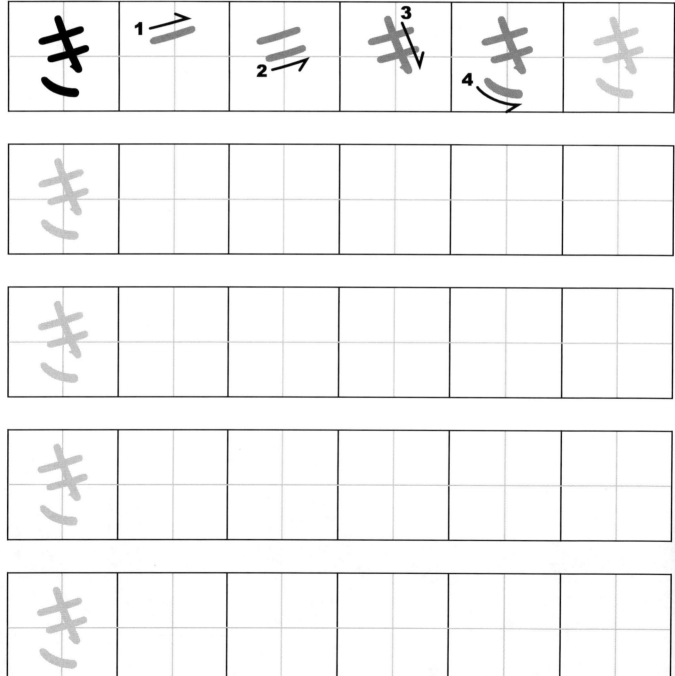

き - Words

へそ　へきのころきお
きほひきさきっぷせを
ゆきむっほきほあるれ
こょにさのゅおえちき
むうみてきうきよい
　だあんょりんきせつ
　い　はうやぎせをけ
ゆよと　らこょめへせ
にてきいろ　めしまよ
ろねほ　さねすこてゆ

きのこ - Mushroom
(kinoko)

きょう - Today
(kyou)

きせつ - Season
(kisetsu)

きいろ - Yellow
(kiiro)

きんぎょ - Goldfish
(kingyo)

きょうだい - Siblings
(kyoudai)

きっぷ - Ticket
(kippu)

きゅうり - Cucumber
(kyuuri)

きっさてん - Cafe
(kissaten)

きせる - Smoking pipe
(kiseru)

く
(ku)

くま - bear
(kuma)

く - Words

へ め り ほ め か や　ほ ん
お す き こ　あ え や わ に
あ ろ つ く れ ん く つ よ ち
さ れ　ち く を　か こ く
る し わ ほ む く ま る て ら
ね く る ま へ あ ふ く ね い
く ら よ も く わ う ら も く
ら く く く つ も ら べ り う
ゆ お も す し く ほ る く き
へ　　り た わ よ も　た

くつ - Shoes
(kutsu)

くらい - Dark
(kurai)

くるま - Car
(kuruma)

くつした - Socks
(kutsushita)

くも - Cloud
(kumo)

くうき - Air
(kuuki)

くち - Mouth
(kuchi)

くらべる - To compare
(kuraberu)

くすり - Medicine
(kusuri)

くま - Bear
(kuma)

け

(ke)

けえき - cake
(keeki)

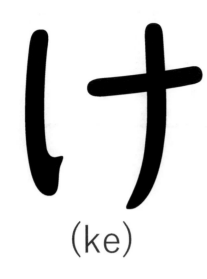

け - Words

り や ろ け む き を そ ひ に
け ろ み い け し え に や や
ん け み さ し け い た い う
じ っ も つ ょ む い と む れ
ょ こ し う う ち ね う 　 き
う ん あ ね に 　 と す の あ
れ は わ け し き け け い こ
ね ひ ほ す し れ さ つ そ う
し そ や め け ひ け ん ち く
ち さ え ら ん る ね 　 の よ

けしき - Scenery
(keshiki)

けいたい - Mobile phone
(keitai)

けさ - This morning
(kesa)

けいこ - Practice
(keiko)

けいさつ - Police
(keisatsu)

けっこん - Marriage
(kekkon)

けん - Prefecture
(ken)

けんちく - Architecture
(kenchiku)

けんじょう - Complaint
(kenjou)

けしょう - Makeup
(keshou)

こ

(ko)

こあら - koala
(koara)

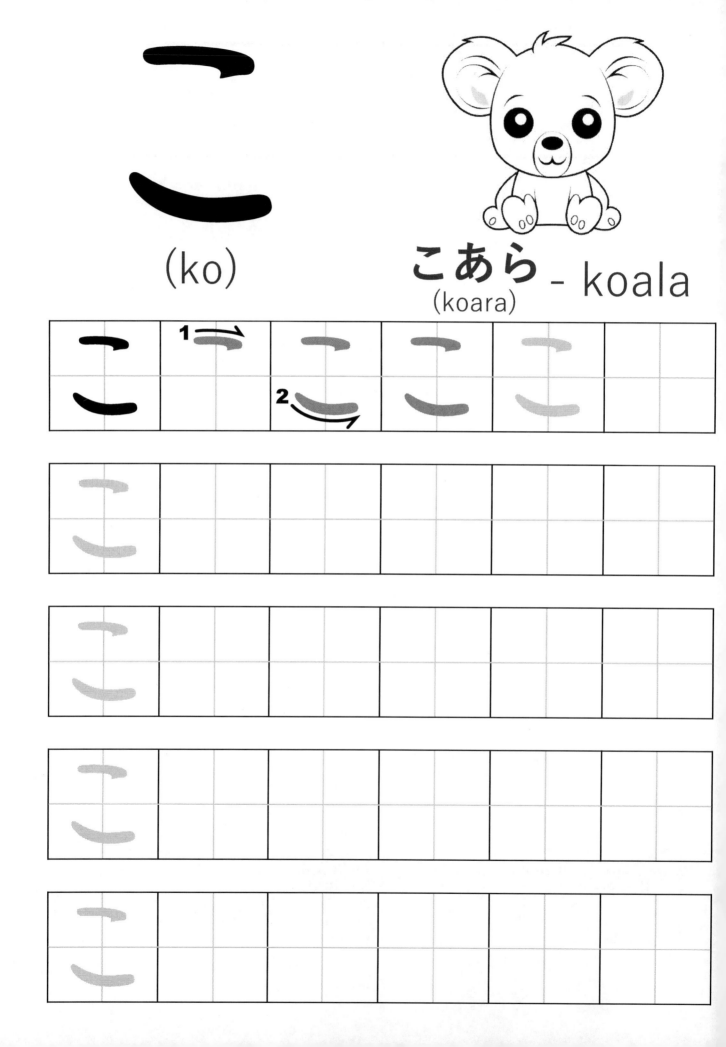

こ - Words

こ こ ろ こ ひ こ ろ か は か
こ う ま む り た ら ね つ そ
う え 　 ぎ ゆ つ ぬ も へ こ
そ ん ひ こ こ う ば ん は せ
く む こ う ち ゃ ら ゆ れ ほ
そ る 　 ら こ へ け ほ る お
ぬ ま こ け ま む き せ へ る
こ な も ら ね ほ の い い る
ど ち く つ ほ 　 ね て つ る
も こ わ い か め ひ い ま は

こども - Child
(kodomo)

こたつ - Heated table
(kotatsu)

こま - Top (toy)
(koma)

こうえん - Park
(kouen)

こわい - Scary
(kowai)

こうちゃ - Black tea
(koucha)

こむぎこ - Wheat flour
(komugiko)

こころ - Heart, mind
(kokoro)

こうそく - Speed limit
(kousoku)

こうばん - Police box
(kouban)

さ

(sa)

さかな - fish
(sakana)

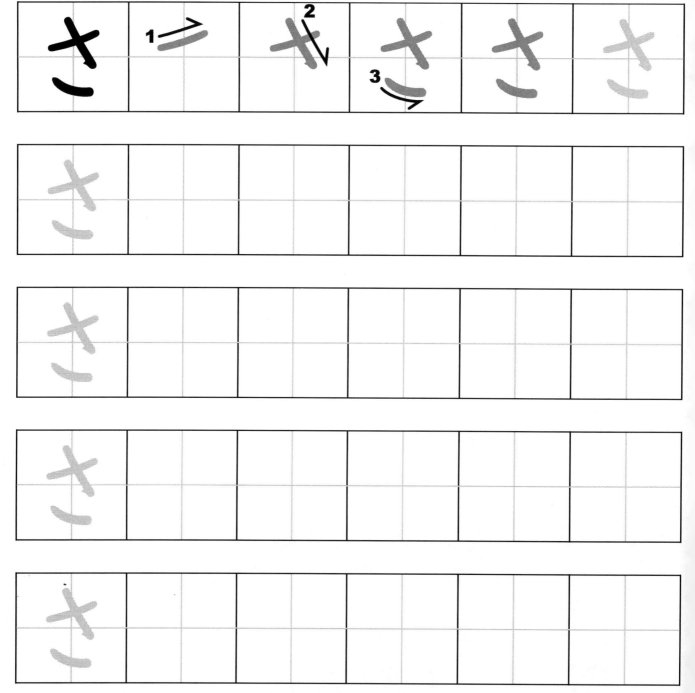

さ - Words

```
た く へ む る さ 　 と て け
ら ほ て よ み ゆ り う ほ か
　 あ と さ く ぶ ん た の え
め ろ ま れ そ ゆ さ む い ん
こ へ め も ゆ あ と ほ 　 け
も ら さ っ か か う わ と へ
し す う さ つ さ よ は ぬ も
り は し ん け ら さ ん ぽ し
や り さ ほ に め ぬ ほ を よ
　 さ く ら さ か な と よ な
```

さくら - Cherry blossom
(sakura)

さん - Mr. / Mrs. / Ms.
(san)

さんぽ - Walk
(sanpo)

さら - Plate
(sara)

さとう - Sugar
(satou)

さむい - Cold (weather)
(samui)

さかな - Fish
(sakana)

さくぶん - Essay
(sakubun)

さく - Bloom
(saku)

さっか - Author
(sakka)

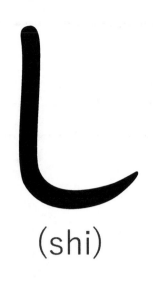
(shi)

しか
(shika) - deer

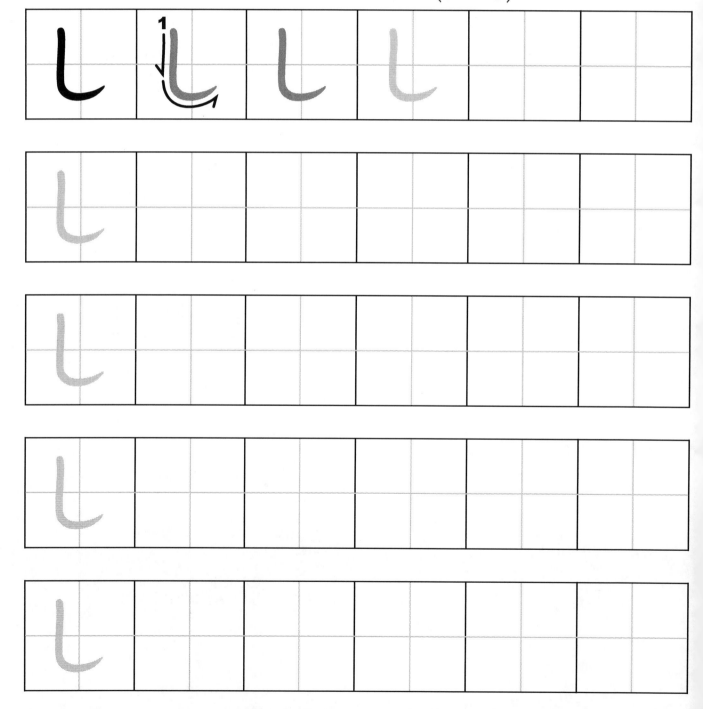

し - Words

は　な　て　と　れ　さ　は　え　ひ　わ
ま　も　し　し　ん　か　ん　せ　ん　へ
に　か　ち　を　ぬ　へ　い　ぬ　　　に
た　に　し　し　し　し　ん　ぶ　ん　し
　　し　お　ろ　ろ　　　り　に　ひ　ち
し　け　ん　に　い　け　き　れ　に　ょ
ご　ん　　　い　え　り　な　ま　ら　う
と　う　み　し　そ　に　ん　し　お　を
し　り　ふ　よ　せ　ひ　め　し　た　ふ
ち　と　せ　そ　へ　ね　ふ　を　き　か

しお - Salt
(shio)

しおん - Four seasons
(shion)

しんぶん - Newspaper
(shinbun)

しけん - Exam
(shiken)

した - Under
(shita)

しちょう - Mayor
(shichou)

しろい - White
(shiroi)

しごと - Work, job
(shigoto)

しち - Seven
(shichi)

しんかんせん - Bullet train
(shinkansen)

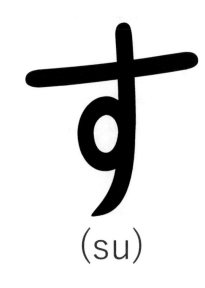

す
(su)

すいか
(suika) - watermelon

す - Words

やもすうせぬすそおよ
やこすひりをうむねこ
つすしこすひがすきと
つめすすみ　くけんす
はさいばまくはれそて
すえからせふのいめき
きりひしんはしぬもに
やせわい　こしとえき
きま　やゆせえくるう
すやりせすみ　よおわ

すし - Sushi
(sushi)

すうがく - Mathematics
(suugaku)

すいか - Watermelon
(suika)

すき - Like
(suki)

すう - Number
(suu)

すばらしい - Wonderful
(subarashii)

すみ - Corner
(sumi)

すてき - Lovely, fantastic
(suteki)

すきやき - Sukiyaki (Japanese dish)
(sukiyaki)

すみません - Excuse me, I'm sorry
(sumimasen)

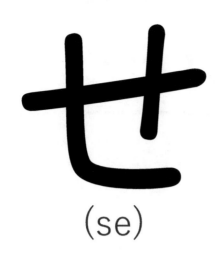

(se)

せみ - cicada
(semi)

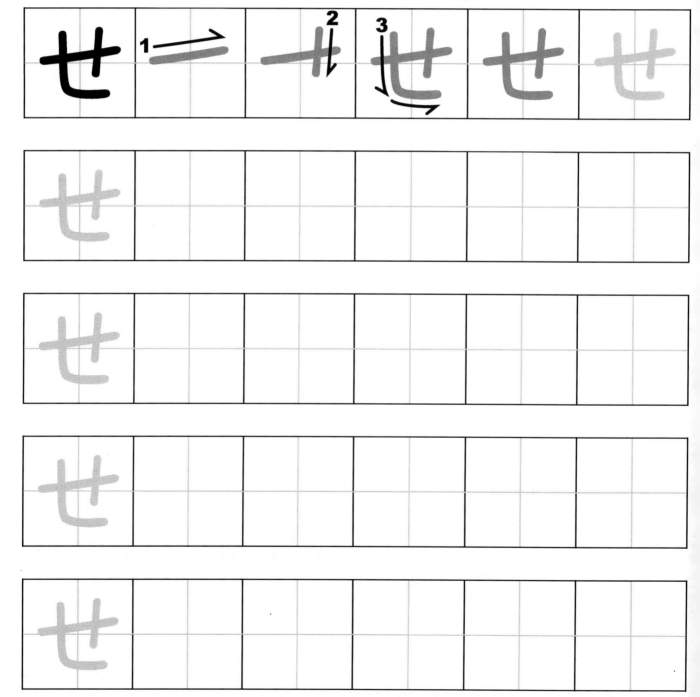

せ - Words

むせもろすせんぱいを
かいせもえもせんこう
　からねもしんてうま
めつもそをれむむゆた
わせんたくせんせいか
　せんとうねひんやか
れせかいなちへもめく
ぬゆはせいふくんつの
すしな　うちあしみて
もにそほそせいとまへ

せかい - World
(sekai)

せんせい - Teacher
(sensei)

せんぱい - Senior (in school or at work)
(senpai)

せんたく - Laundry
(sentaku)

せいふく - School uniform
(seifuku)

せいと - Student
(seito)

せいかつ - Life, living
(seikatsu)

せんもん - Specialty, field of study
(senmon)

せんこう - Major (in college)
(senkou)

せんとう - bath-house
(sentou)

(so)

そふとくりいむ - soft cream
(sofutokuriimu)

そ - Words

おんろそぬんあそこん
そろばえ　すしろし
うくと　んららかね
れそそけれのちちそい
みつぬんそゆあねくす
いぎおせふみおそたよ
ねょたそうじんらつち
にうぬめねてつせいわ
ろくこぬほみよにやみ
そとそんけいのほへけ

そば - Buckwheat noodles
(soba)

そくたつ - Delivery
(sokutatsu)

そうじ - Cleaning
(souji)

そつぎょう - Graduation
(sotsugyou)

そら - Sky
(sora)

そう - Yes, that's right
(sou)

そこ - There
(soko)

そふ - Grandfather
(sofu)

そと - Outside
(soto)

そんけい - Respect
(sonkei)

た

(ta)

たいよう - sun
(taiyou)

た - Words

た わ こ ふ ほ て ち ろ み そ
か え か か に た い い く よ
つ た た ぶ ん は ろ さ て り
も べ え に ほ さ の つ と ら
く る た ん じ ょ う び　 た
え た た つ せ と お ね し を
は な た の し い な う は て
ぬ か は み な て ら た け こ
　 と せ つ む そ た つ き る
む ほ す た ま ご も き め な

たべる - To eat
(taberu)

たつ - Dragon
(tatsu)

たなか - A common last name
(Tanaka)

たつき - living
(tatsuki)

たまご - Egg
(tamago)

たぶん - Probably, maybe
(tabun)

たけ - Bamboo
(take)

たのしい - Fun, enjoyable
(tanoshii)

たいいく - Physical education
(taiiku)

たんじょうび - Birthday
(tanjoubi)

ち
(chi)

ちょうちょ - butterfly
(choucho)

ち	1 ⇌	2 ち	ち	ち	

ち					

ち					

ち					

ち					

ち - Words

ち ず れ ち さ ふ す ん れ え
ふ に す い ふ ち ち ょ こ わ
も よ よ さ ね ゅ て り さ に
ち ぬ に い ね う み う た ち
ょ き れ み が れ く ち か
う ふ ち た や っ と ゅ く
の ち ち ち こ こ お う
き か ゆ か て う せ す し も
の い な て る や ふ つ ゃ は
つ よ ね つ と と あ て ゆ た

ちいさい - Small (chiisai)	ちかく - Nearby (chikaku)
ちかい - Near (chikai)	ちち - Father (chichi)
ちかてつ - Subway (chikatetsu)	ちゅうがっこう - Middle school (chuu gakkou)
ちゅうしゃ - Parking (chuusha)	ちず - Map (chizu)
ちょう - Butterfly (chou)	ちょこ - Chocolate (choko)

つ

(tsu)

つき - moon
(tsuki)

つ - Words

ぬ む そ ね つ く え つ の も
あ つ め た い え す け き い
へ ま ふ つ ぼ は ふ る め き
や わ せ り せ な ね さ 　 ゆ
ひ ま に お ん ふ つ つ つ つ
ほ へ ね え ひ つ ば き も り
つ り ば し か か さ つ ま ふ
と ん に け け れ あ も か あ
の 　 ま と 　 た う 　 め
ら う む つ れ 　 か り に け

つくえ - Desk
(tsukue)

つま - Wife
(tsuma)

つめたい - Cold (to the touch)
(tsumetai)

つぼ - Vase
(tsubo)

つき - Moon
(tsuki)

つける - To attach, to turn on
(tsukeru)

つかれた - Tired
(tsukareta)

つり - Fishing
(tsuri)

つばさ - Wings
(tsubasa)

つりばし - Suspension bridge
(tsuribashi)

(te)

てんとうむし - ladybug
(tentou mushi)

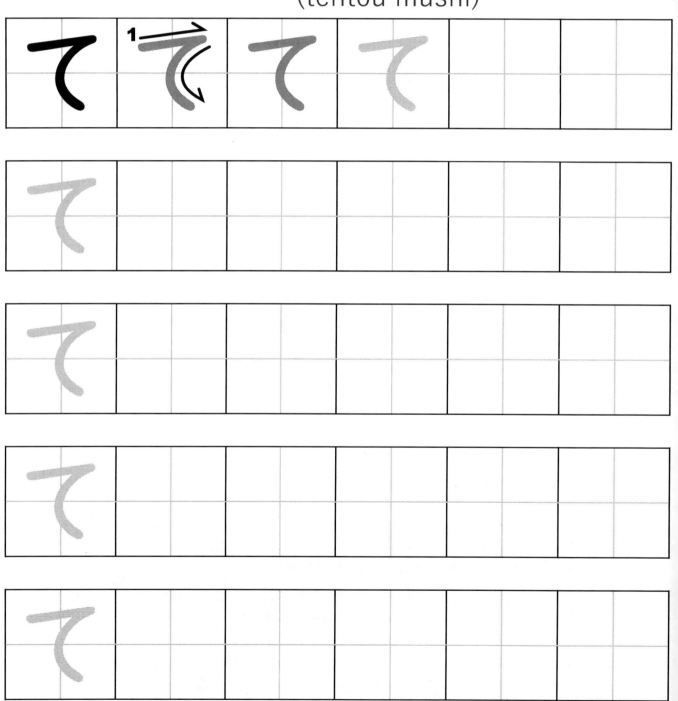

て - Words

```
て か て て て む て つ だ う
ち り つ ぶ す よ ね　 ふ い
ょ　 ど く ぬ も て ま た や
う は う ろ　 む が ら わ く
く ち た え そ う み あ つ
し せ ふ お に ぬ て ん き て
め そ る や て ん れ る え ん
を ふ に ぬ く ね ら へ わ ぷ
ろ め ち て ら て ん す う ら
こ ね な と あ え お そ　 に
```

てがみ - Letter
(tegami)

てん - Point, mark, dot
(ten)

てんき - Weather
(tenki)

てぶくろ - Glove
(tebukuro)

てんぷら - Tempura (Japanese dish)
(tempura)

てんすう - Score, points
(tensuu)

てちょう - Notebook
(techou)

てら - Temple
(tera)

てつどう - Train, railway
(tetsudou)

てつだう - To help
(tetsudau)

と
(to)

とけい
(tokei) - clock

と と と と

と - Words

む あ く さ え な さ 　 ら ち
と し こ と さ と り き わ む
あ 　 お な ほ 　 と ふ ね と
と け い り お せ ろ い も て
る 　 そ へ な と う き ょ う
と び ら せ と け る あ た け
む と く く せ た ら に め の
も も そ せ や け と う ふ か
れ だ の う も ま お え け
め ち ぬ へ ふ か り か せ く

ともだち - Friend
(tomodachi)

となり - Next to
(tonari)

とけい - Clock, watch
(tokei)

とびら - Door
(tobira)

とける - To melt
(tokeru)

とうふ - Tofu
(tofu)

とうきょう - Tokyo
(Toukyou)

とし - Year, age
(toshi)

とり - Bird
(tori)

とおり - Street, road
(toori)

な
(na)

なす - eggplant
(nasu)

な - Words

```
れ も そ を に ひ な に き し
わ て る ら ま を む や ひ の
ゆ   み な く   な る は ぬ
ん な つ つ な つ そ な こ す
な と   や ん て ち み き も
っ に ほ す ね め ふ ひ よ ら
と な ら み ん て む ん や な
う つ を そ せ ね な お す ま
い き な べ い な が い き え
れ て   る     わ ひ
```

なまえ - Name
(namae)

なつ - Summer
(natsu)

なっとう - Fermented soybeans
(nattou)

ながい - Long
(nagai)

なる - To become
(naru)

なみ - Wave
(nami)

なつやすみ - Summer vacation
(natsuyasumi)

なおす - To fix, to repair
(naosu)

なべ - Pot, hot pot
(nabe)

なんねんせい - What grade?
(nannensei)

に
(ni)

にじ - rainbow
(niji)

に - Words

せ に ほ ん ご に じ へ た れ
へ や し む り 　 へ た に そ
き へ 　 は に に く い れ そ
さ つ ん か っ こ つ い に き
る ま へ 　 き お い ち し ね
さ れ し 　 ほ え あ は ん め
ほ に し ん ふ 　 た ろ し ろ
は そ に く 　 に む よ 　 お
い き わ と わ ち そ ま し む
へ に わ と り す に ん じ ん

にく - Meat
(niku)

にし - West
(nishi)

にじ - Rainbow
(niji)

にしん - Herring
(nishin)

にんじん - Carrot
(ninjin)

にち - Day, date
(nichi)

にわ - Garden
(niwa)

にわとり - Chicken (bird)
(niwatori)

にほんご - Japanese language
(nihongo)

にっき - Diary
(nikki)

（nu）

ぬいぐるみ - plush toy
（nuigurumi）

ぬ - Words

ぬ く も り ほ ん ぬ ま は つ
や よ る む み に か さ に ぬ
る め ぬ す 　 る と せ ゆ い
ら ら け れ も 　 て 　 と つ
を め る ち た ち 　 れ む め
ぬ ら こ ぬ こ ぬ ぐ お は れ
あ め も い ぬ け そ い ぬ く
に と す ぐ 　 ぬ り え る ん
へ ぬ わ る こ り け き い つ
ち た り み さ き れ ま は ま

ぬいぐるみ - Stuffed animal
(nuiguruми)

ぬるい - Lukewarm
(nurui)

ぬま - Swamp
(numa)

ぬた - Song, singing
(nuta)

ぬい - Sewing
(nui)

ぬける - To come out, to slip out
(nukeru)

ぬぐ - To remove, to take off
(nugu)

ぬくもり - Warmth
(nukumori)

ぬりえ - Coloring (coloring book)
(nurie)

ぬけ - Get out, escape
(nuke)

ね

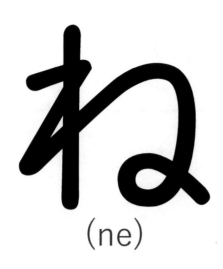

(ne)

ねこ - cat
(neko)

ね - Words

ね る け あ あ す も あ き ね
そ ね ふ お こ つ ろ そ そ む
ち こ さ な た 　 ん せ ね い
い ひ け を ね ふ こ つ し ぬ
も な ね の ぎ い ね る な も
こ け ず ね が う ま む き さ
め り み ほ こ ん き そ ね つ
　 ぬ う ね ふ さ 　 ぬ い う
　 ん と に ん す ん と ま ろ は
　 き う を ど え お ほ を の か

ねこ - Cat
(neko)

ねずみ - Mouse, rat
(nezumi)

ねむい - Sleepy
(nemui)

ねつ - Fever
(netsu)

ねる - To sleep
(neru)

ねんど - Clay
(nendo)

ねまき - Pajamas
(nemaki)

ねがう - To wish, to hope
(negau)

ねいろ - tone
(neiro)

ねぎ - green onion
(negi)

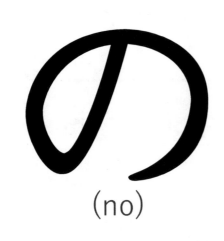

の
(no)

のり - seaweed
(nori)

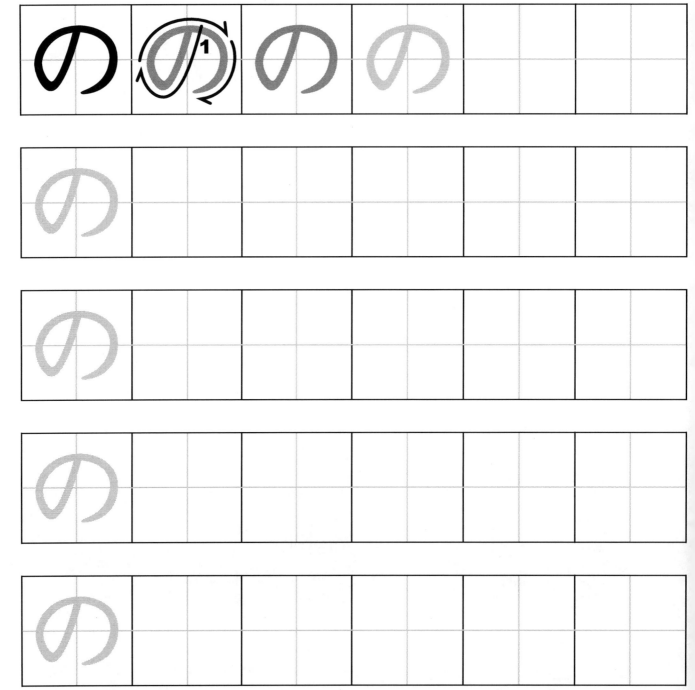

の - Words

まのうかいのどむろゆ
のりもの　とすけつふ
なつらのせもふひるの
ふのへみふんんれちり
　こしものちしのちの
わりこのたけふうよな
たのくきよきくへおは
こますたつるくこゆち
ゆほめもめりちつこつ
あみのこぎり　　ぬわ

のこり - Leftover (nokori)	のこぎり - Saw (nokogiri)
のど - Throat (nodo)	のみもの - Drink (nomimono)
のり - Seaweed (nori)	のま - Living room (noma)
のりもの - Vehicle (norimono)	のち - Later, afterwards (nochi)
のう - Brain (nou)	のうか - Farming (nouka)

は

(ha)

はさみ - scissors
(hasami)

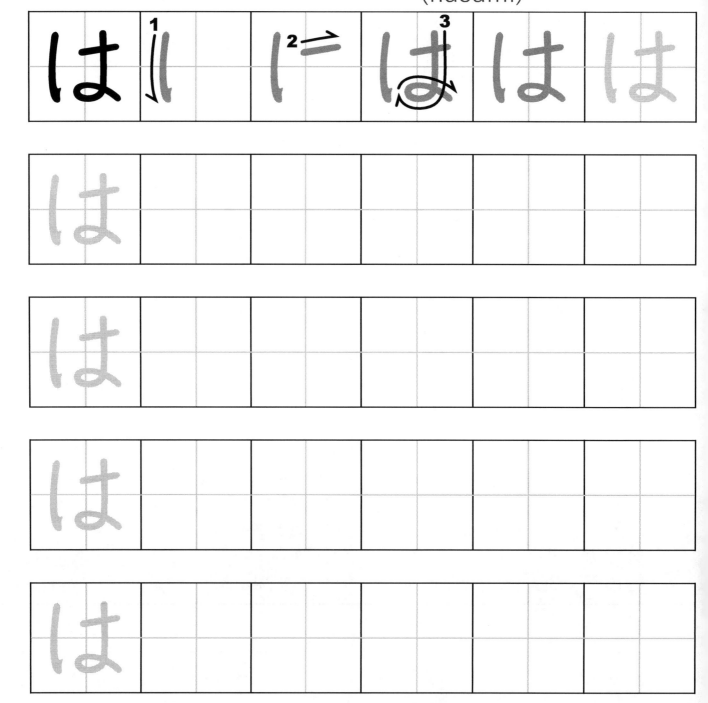

は - Words

```
は し や え ね ふ と こ は よ
く の お よ    と た け い み
せ て   た に ん は ち る え
そ ん し て し て き を あ へ
は ゆ ま り は た け よ ま
な あ は な せ に つ う き ち
る や じ と ん き い   け は
つ て め た ま め き は こ し
る ま く か ろ は ん ぶ ん る
む は み は る れ の ね わ ぬ
```

はな - Flower
(hana)

はる - Spring
(haru)

はち - Bee
(hachi)

はたけ - Field
(hatake)

はし - bridge
(hashi)

はんぶん - Half
(hanbun)

はこ - Box
(hako)

はしる - To run
(hashiru)

はいる - To enter
(hairu)

はじめ - Beginning
(hajime)

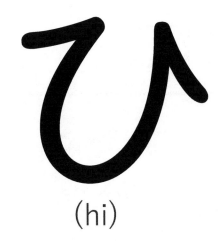

(hi)

ひつじ - sheep
(hitsuji)

ひ - Words

ひ は て ひ こ こ の な す め
こ ゆ ひ と つ ほ ひ も め
う り せ お し さ と こ ま ひ
つ お に る ふ の も を ひ こ
や り め そ ふ や た そ だ う
ひ く ふ り へ の そ ぬ り き
す ま い や の く そ や 　 は
ひ も ま ひ こ う じ み ほ ひ
　 お さ ふ る や ぬ み い げ
　 て え ひ が し か て ぬ む い

ひげ - beard
(hige)

ひと - Person
(hito)

ひこうき - Airplane
(hikouki)

ひがし - East
(higashi)

ひく - To play (a musical instrument)
(hiku)

ひとつ - One
(hitotsu)

ひこう - Flight
(hikou)

ひも - String, cord
(himo)

ひこうじ - Pilot
(hikouji)

ひだり - left
(hidari)

ふ
(fu)

ふくろう - owl
(fukurou)

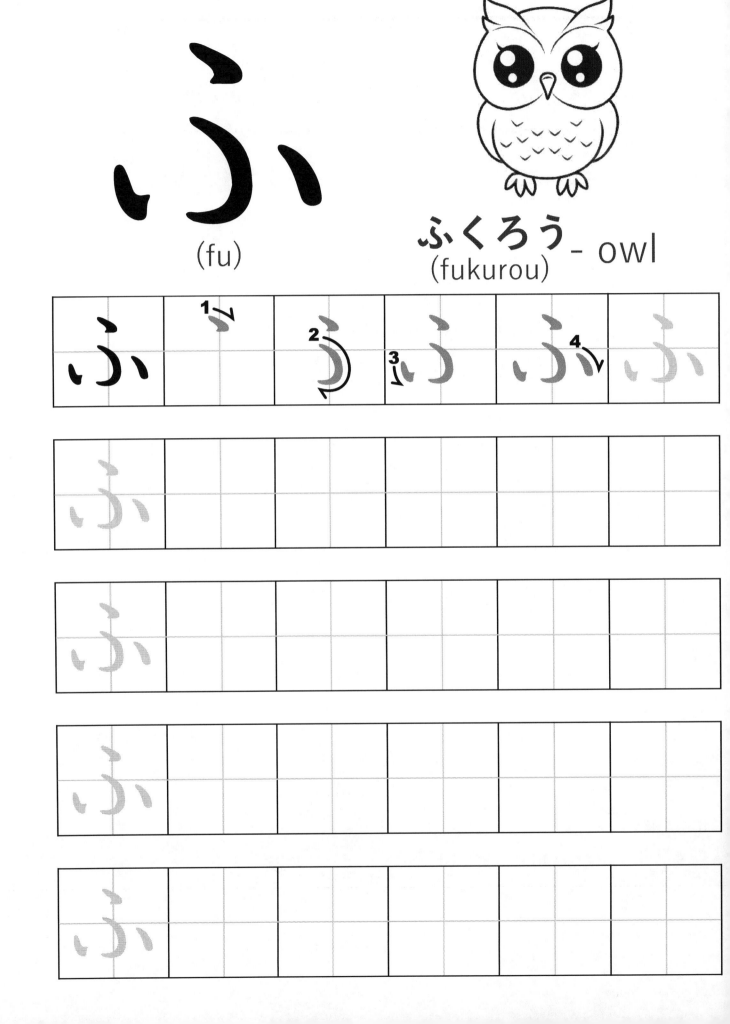

ふ - Words

まよち　うやまきおむ
　たかな　ふうさせぬ
すけしかすたやくほえ
ちつりふるねふくろけ
よふふてえふうせんろ
はねたふ　んうこてろ
らおりたたしぬふゆし
ま　んつえたたおふみ
よひつえふじさんしゆ
　みにねかさふるふく

ふうせん - Balloon
(fuusen)

ふね - Boat, ship
(fune)

ふじさん - Mount Fuji
(Fujisan)

ふた - Lid, cover
(futa)

ふく - Clothes
(fuku)

ふゆ - Winter
(fuyu)

ふたつ - Two
(futatsu)

ふる - To fall (rain or snow)
(furu)

ふたり - Two people
(futari)

ふくろ - Bag
(fukuro)

へ
(he)

へび - snake
(hebi)

へ - Words

へ わ へ た の は れ を ね わ
　ひ ら ぬ て る へ ほ へ ん
せ む よ に こ よ く へ る
な き け こ ち へ へ や ら ふ
と り ふ ま た い つ は へ そ
そ け て ま お つ へ あ へ け
ほ を へ あ た く い と ん ゆ
ま ろ へ ら す よ わ そ じ ち
か も へ と ふ ぬ な つ よ そ
そ ん へ る め っ と ひ ふ ら

へや - Room
(heya)

へらす - to decrease
(herasu)

へいわ - Peace
(heiwa)

へるめっと - Helmet
(herumetto)

へた - unskilled
(heta)

へそ - Belly button
(heso)

へる - To experience
(heru)

へい - Soldier
(hei)

へん - Change
(hen)

へんじ - Reply, answer
(henji)

ほ

(ho)

ほし
(hoshi) - star

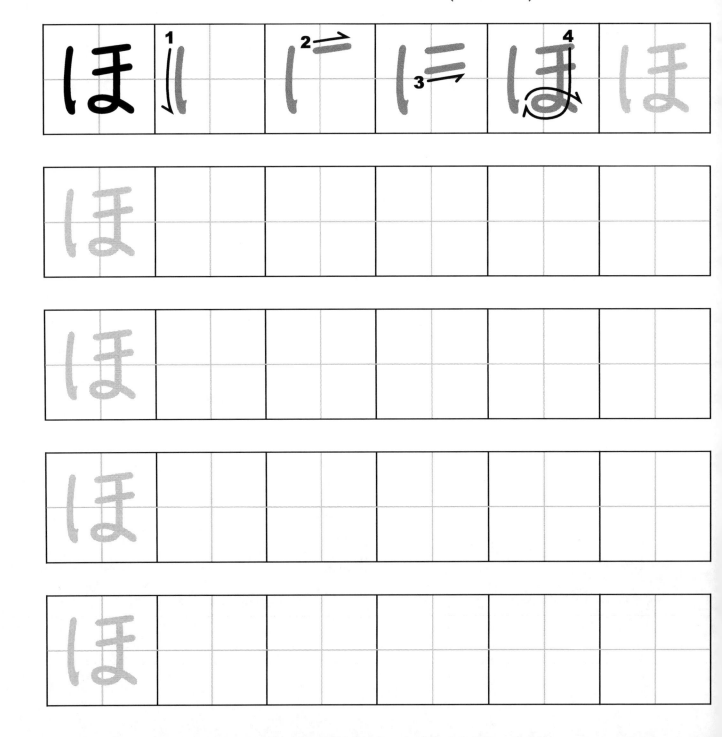

ほ - Words

くれゆしやしてひに
くねまそひのほうくす
いはい　てるほそいぬ
ゆしこほこつねんおす
めおかし　ほんとうて
とたほほゆほっぺうほ
りせるんよのほかすけ
へさんわし　んやあん
きめも　んあだてとお
あこぬろは　なそんし

ほし - Star
(hoshi)

ほん - Book
(hon)

ほんだな - Bookshelf
(hondana)

ほっぺ - Cheeks
(hoppe)

ほそい - Thin, narrow
(hosoi)

ほんとう - True, real
(hontou)

ほる - To dig
(horu)

ほけん - Insurance
(hoken)

ほか - Other
(hoka)

ほう - Direction, way
(hou)

ま
(ma)

まど
(mado) - window

ま - Words

```
ほ ろ ろ ま げ る さ と お ね
ま れ な い ち み へ ま ね は
わ し む わ を     ら き ぬ ま
ま る ひ あ て や ん け ゆ ち
つ   ろ や な わ い ま く ら
る な   ぬ て ま し え け あ
ま く め ふ へ ん ま ど か わ
す め   わ ま つ ま た め な
    あ し み を ゆ わ う さ ゆ
    え よ ぬ も ぬ ん に   え
```

まる - Circle
(maru)

まど - Window
(mado)

また - Again, also
(mata)

まち - Town, city
(machi)

まつ - Pine tree
(matsu)

まん - Ten thousand
(man)

まね - Imitation
(mane)

まく - To wind, to roll up
(maku)

まげる - To bend, to warp
(mageru)

まくら - Pillow
(makura)

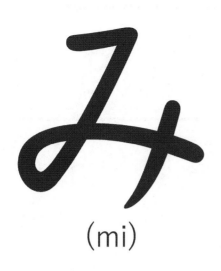

み

(mi)

みかん - orange
(mikan)

み - Words

```
く み ぎ た い も み ね く た
ほ く た み い る じ か わ け
や ま つ る え ん か め さ ら
え み み ん な は い ゆ り い
け か に う も て せ 　 う よ
へ ん こ ほ さ し み ゆ の す
み 　 り ら ん さ か と ぬ み
ず わ く さ ま よ た お ち ち
み せ み ず う み も い は お
か や も は あ つ を は け け
```

みず - Water
(mizu)

みせ - Shop, store
(mise)

みち - Road, path
(michi)

みる - To see, to look
(miru)

みかん - Mandarin orange
(mikan)

みんな - Everyone, everybody
(minna)

みかた - Way, method
(mikata)

みじかい - Short (length)
(mijikai)

みずうみ - Lake
(mizuumi)

みぎ - Right
(migi)

む

(mu)

むしめがね  - magnifying glass
(mushimegane)

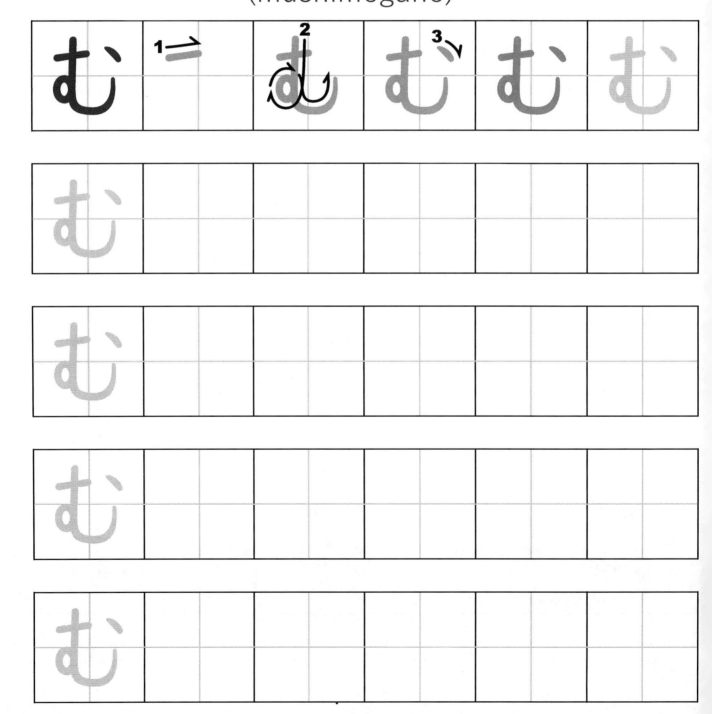

む - Words

き を む へ む し む ゆ や お
た あ こ き む む す よ い を
け 　 う き い ね め わ は あ
ふ ら わ の せ か せ や ま て
や よ の む ほ む ず か し い
ね 　 を ら む ゆ た も く
き か に あ し す は や え む
も わ き ま ょ や め た わ ら
む い さ き く お ん へ な さ
も い む す こ う や そ せ き

むし - Bug, insect
(mushi)

むら - Village
(mura)

むこう - Over there, opposite side
(mukou)

むずかしい - Difficult, hard
(muzukashii)

むね - Chest
(mune)

むい - Facing, opposite
(mui)

むらさき - Purple
(murasaki)

むすこ - Son
(musuko)

むすめ - Daughter
(musume)

むしょく - Unemployed·
(mushoku)

(me)

めだまやき - fried egg
(medamayaki)

め | め め め

め

め

め

め

め - Words

まけはゆせおもすよま
きてのてい　はせわゆ
めぬきねねめぐるのぬ
くめんきょをめぐみめ
るさめだまにいやあも
うめがねもくうめがみ
　ゆえけまめまいをゆ
まわおほろねにほまぬ
ろ　けめんどうめへほ
にみねいまめんやせん

めまい - Dizziness
(memai)

めがね - Glasses
(megane)

めだま - Eyeball
(medama)

めがみ - Goddess
(megami)

めくる - To turn, to flip
(mekuru)

めぐる - To go around, to surround
(meguru)

めん - Noodles
(men)

めんどう - Trouble, effort
(mendou)

めんきょ - License, certificate
(menkyo)

めぐみ - Blessing, grace
(megumi)

も

(mo)

もも
(momo) - peach

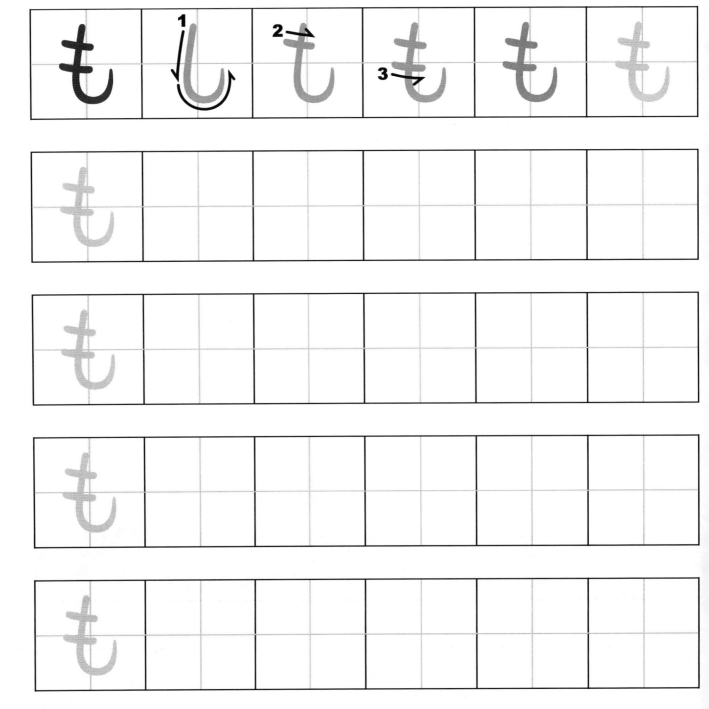

も - Words

や き よ ら こ よ す も の
も る み ほ も ま も も じ あ
り も ま し の に あ か み は
え ら ふ つ と 　 に わ ん う
め う り も は を く を た ん
も む お ん わ や て ひ る ぬ
く ら も だ き 　 ね れ も よ
ふ そ う い ひ も え る ち し
な も ち ち お へ に か ろ ぬ
ゆ 　 れ 　 の り な り ん ま

もの - Thing
(mono)

もち - Rice cake
(mochi)

もう - Already
(mou)

もちろん - Of course
(mochiron)

もり - Forest
(mori)

もじ - Character, letter
(moji)

もんだい - Problem, question
(mondai)

もらう - To receive
(morau)

もえる - To burn
(moeru)

もく - Wood, timber
(moku)

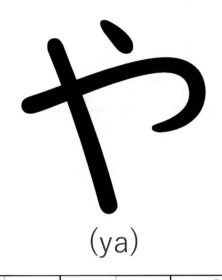

や

(ya)

やぎ - goat
(yagi)

り　　　や な な ふ し そ な
ん さ ん き お ね や ち ん や
や さ い ゅ　ぬ く う お け
あ　つ う や き そ な ま や
さ に　　や す　く ふ お ふ
ふ お や く い え か や む と
あ お ま し や す ぬ な え を
に き お ゃ み す い ち ぬ わ
ふ た　や く ざ い　ろ ひ
な や や す み ほ ほ え い ね

やま - Mountain (yama)	やすみ - Vacation, rest (yasumi)	
やさい - Vegetable (yasai)	やすい - Cheap, inexpensive (yasui)	
やくそく - Promise (yakusoku)	やくざい - Medicine (yakuzai)	
やみ - Darkness (yami)	やちん - Rent (yachin)	
やきゅう - Baseball (yakyuu)	やくしゃ - Actor (yakusha)	

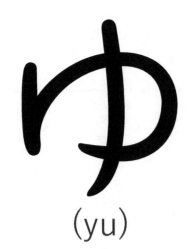

(yu)

ゆきだるま - snowman
(yukidaruma)

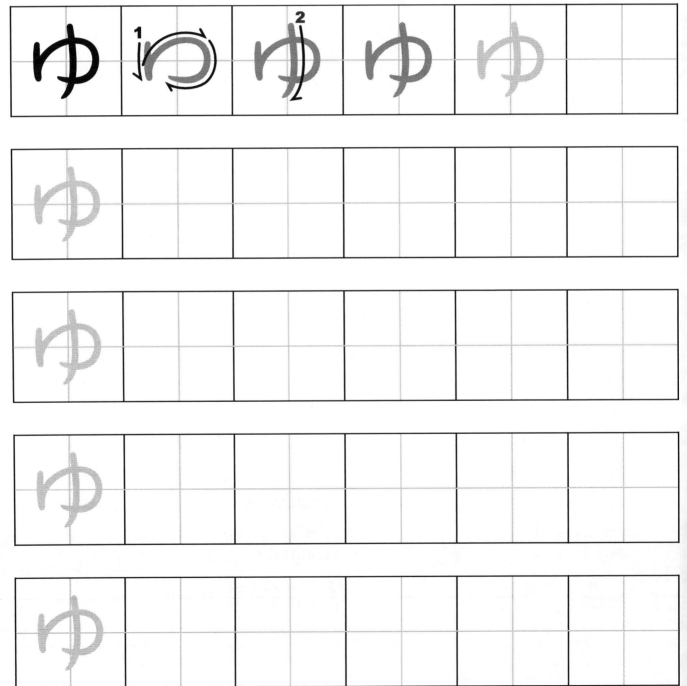

ゆ - Words

ほ し ゆ け ゆ ゆ ね け ゆ な
う や う て う お お つ び す
な る め ゆ が う し ま わ へ
を て い や た か ゆ う が た
お ゆ き ん す ゆ き だ る ま
の こ ろ ゆ う び ん き ょ く
ほ ゆ 　 ら ゆ う び ん い る
く め み ち れ こ あ れ か む
て ふ り さ へ ゆ ま ひ け
て る す む 　 び さ と く む

ゆうびんきょく - Post office
(yuubinkyoku)

ゆうがた - Evening
(yuugata)

ゆき - Snow
(yuki)

ゆうめい - Famous
(yuumei)

ゆび - Finger
(yubi)

ゆきだるま - Snowman
(yukidaruma)

ゆびわ - Ring
(yubiwa)

ゆうびん - Mail, postal service
(yuubin)

ゆうがた - Evening
(yuugata)

ゆめ - Dream
(yume)

よ
(yo)

よっと
(yotto) - yacht

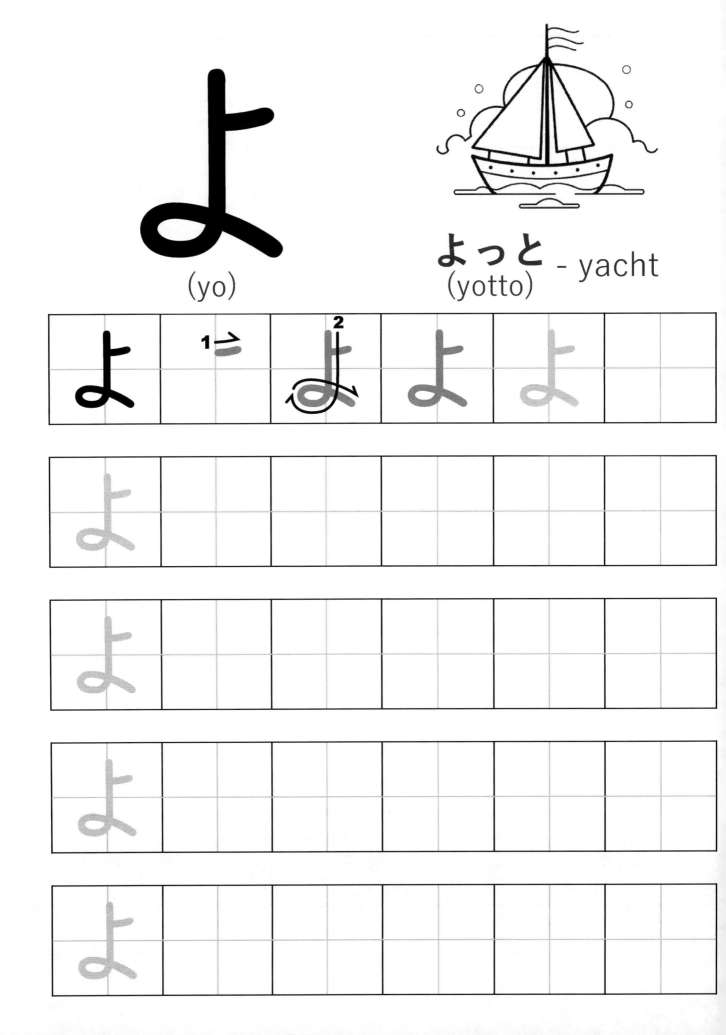

よ - Words

```
よ さ よ う じ ね ゆ よ ゆ あ
ろ わ き の そ き よ や     き
こ わ ら ち な た て よ な け
び こ ま ね よ く い わ よ お
し ん と わ る ん よ い う よ
の よ ち ち に ん し ふ ふ う
ま れ ね て ん ん ゅ け く ち
り     な   す う そ ゆ え
ぬ の ち る へ む て れ よ ん
   そ   ひ   ん を よ な か
```

よる - Night
(yoru)

よなか - Midnight
(yonaka)

ようふく - clothes
(youfuku)

よわい - Weak
(yowai)

よてい - Schedule, plan
(yotei)

よしゅう - Preparation, training
(yoshuu)

よく - Often, well
(yoku)

よろこび - Joy, happiness
(yorokobi)

ようじ - infant
(youji)

ようちえん - Preschool
(youchien)

ら
(ra)

らいおん - lion
(raion)

ら - Words

よ ら ゆ け せ な ら い ね ん
し 　 な ま た き お ゆ こ ら
さ も け け 　 せ く 　 す く
ら い し ゅ う ら い お ん く
ふ え た ら め さ ゆ も か て
に ら れ ん れ あ い 　 ら お
む く さ ぼ て さ え れ ん り
ね が ゆ う つ ら っ き ょ う
え き こ ら ん ぷ の ま へ を
す め か め い ら っ こ ろ り

らくがき - Graffiti
(rakugaki)

らっきょう - Japanese scallion
(rakkyou)

らんぼう - Violent, reckless
(ranbou)

らん - Orchid
(ran)

らいおん - Lion
(raion)

らっこ - Sea otter
(rakko)

らく - Comfort, ease
(raku)

らんぷ - Lamp
(ranpu)

らいねん - Next year
(rainen)

らいしゅう - Next week
(raishuu)

り
(ri)

りす - squirrel
(risu)

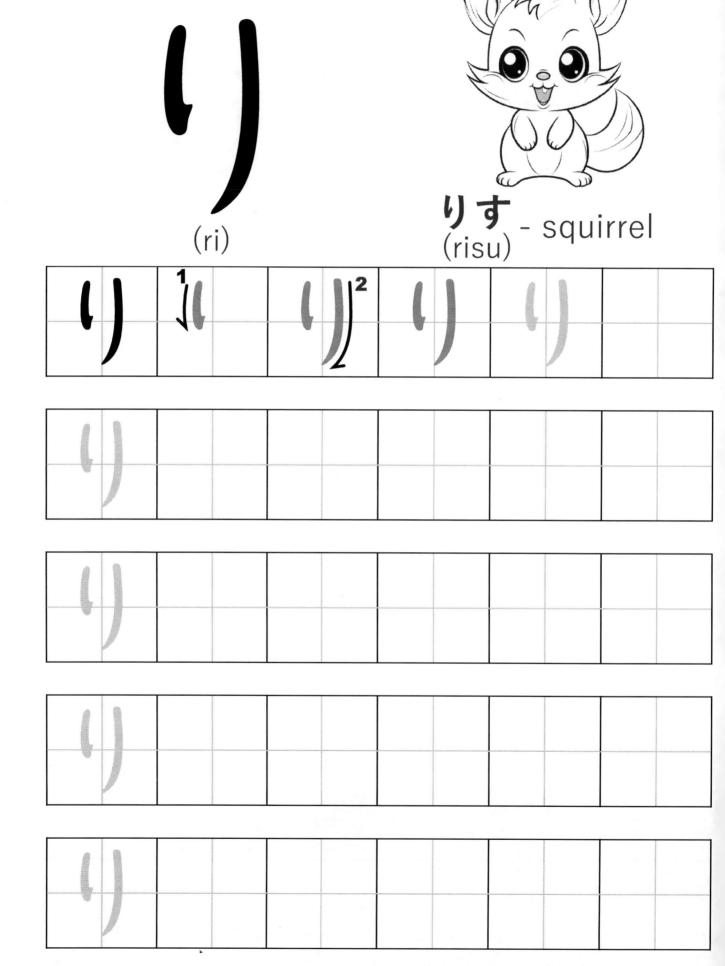

り - Words

```
を　へ　り　ょ　く　ま　や　　そ　く
つ　う　り　ろ　わ　ん　り　す　す　く
り　ま　え　り　い　と　さ　ら　や
そ　さ　き　ょ　わ　ふ　え　に　そ　る
い　り　つ　う　り　ょ　う　が　え　と
ま　け　も　し　し　り　ほ　ま　り　く
を　ち　り　ん　し　ぼ　そ　く　る　ゆ
ん　り　ん　さ　し　ん　て　え　ゆ　め
せ　す　ご　を　ふ　あ　い　け　あ
　　い　り　ょ　こ　う　す　け　や　こ
```

りんご - Apple
(ringo)

りぼん - Ribbon
(ribon)

りょうしん - Parents
(ryoushin)

りす - Squirrel
(risu)

りく - Land, ground
(riku)

りえき - Profit
(rieki)

りょうがえ - Currency Exchange
(ryougae)

りょく - Strength, power
(ryoku)

りょこう - Travel, trip
(ryokou)

りつ - Rate, ratio
(ritsu)

る
(ru)

るろう - wandering
(rurou)

る　る　る　る

る

る

る

る

る - Words

```
ん  い  し  え  る  い  ぎ  ご  む  て
こ  せ  ほ  の  い  ち  め  り  ね  し
と  に     る  た  き  ろ  け  ゆ  め
ろ  き  ふ  す  へ  よ  の  り  む  し
ひ  り  ろ  を  い  え  る  く  へ  ね
こ  と  ゆ  ろ  な  せ  ろ  も  く  る
せ  の  と  と  な  わ  う  ゆ  れ  ざ
た  せ  も  ろ  ぬ  り  む  ら  い  い
ろ     る  ば  い  じ  も  い  き  ち
る     す     ん  よ  る  き  か  う
                              い  つ  さ
```

るい - baseball base
(rui)

るいかつ - crying therapy
(ruikatsu)

るす - absence, being away from home
(rusu)

るすばん - house-sitting
(rusuban)

るいぎご - synonym
(ruigigo)

るいじ - similar
(ruiji)

るろう - wandering
(rurou)

るざい - exile
(ruzai)

れ

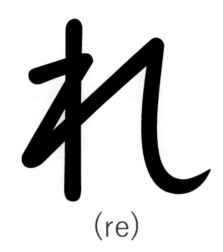

(re)

れっしゃ
(ressha) - train

れ　っ　し　ゃ　く　ひ　ま　む　け　す
る　ふ　れ　い　　　み　り　れ　て　く
し　う　る　や　き　と　わ　い　み　ぬ
ぬ　や　た　は　か　え　の　ぎ　り
ん　う　あ　　　お　ん　る　た　ろ　お
つ　な　を　い　れ　と　か　さ　い　へ
れ　い　ふ　く　　　そ　き　せ　め　し
つ　こ　そ　お　ら　あ　れ　き　た　を
や　は　ち　め　い　ね　き　た　く　て
の　ゆ　ゆ　わ　さ　よ　し　は　く　て

れい - example
(rei)

れいぎ - manners
(reigi)

れいふく - formal dress
(reifuku)

れきし - history
(rekishi)

れっしゃ - train
(ressha)

(ro)

ろうそく
(rousoku) - candle

ろ - Words

```
ふ り た く か お に ち ゆ の
  ほ た せ け     ん て ね
ろ ひ ほ ふ ろ す め む ふ め
  ゆ ほ う せ ろ さ     み
へ た る つ び つ く ね こ か
ろ を つ ふ き え が ろ わ ら
り を ろ く ろ し っ こ を り
え も は ぬ ほ は     く ろ く
お う せ ろ お こ ろ う しゃ
ん り ゆ え ろ じ ょ う み
```

ろく - six
(roku)

ろくろし - turner, thrower
(rokuroshi)

ろくがつ - June
(rokugatsu)

ろじょう - (on the) road
(rojou)

ろうびき - waxing
(roubiki)

ろこく - Russia
(rokoku)

ろうしゃ - deaf person
(rousha)

わ
(wa)

わに
(wani) - crocodile

わ - Words

わ ら い 　 ひ つ わ ざ わ ざ
い い ぬ い ん は ふ わ る い
ん せ か ん ん た て む 　 の
う わ せ お ん よ く い は け
き ら わ さ し も る い ぬ さ
は う か ち い る も え け へ
せ り す い た ち た れ き ふ
わ か る わ に つ こ け ふ や
ね さ も ら や た ね た や て
め ふ く ろ り は し お 　 む

わるい - bad, poor
(warui)

わか - youth
(waka)

わらい - laugh
(warai)

わかる - to be understood
(wakaru)

わらう - to laugh
(warau)

わざわざ - expressly
(wazawaza)

を

(o)

てを あらう - wash hands
(te o arau)

を |  | を | を | を

ん
(n)

ほん - book
(hon)

HIRAGANA CHART ひらがな

	a	i	u	e	o	ya や	yu ゅ	yo ょ
no consonant	あ a	い i	う u	え e	お o			
k	か ka	き ki	く ku	け ke	こ ko	きゃ kya	きゅ kyu	きょ kyo
s	さ sa	し **shi**	す su	せ se	そ so	しゃ sha	しゅ shu	しょ sho
t	た ta	ち **chi**	つ **tsu**	て te	と to	ちゃ cha	ちゅ chu	ちょ cho
n	な na	に ni	ぬ nu	ね ne	の no	にゃ nya	にゅ nyu	にょ nyo
h	は ha	ひ hi	ふ **fu**	へ he	ほ ho	ひゃ hya	ひゅ hyu	ひょ hyo
m	ま ma	み mi	む mu	め me	も mo	みゃ mya	みゅ myu	みょ myo
y	や ya		ゆ yu		よ yo			
r	ら ra	り ri	る ru	れ re	ろ ro	りゃ rya	りゅ ryu	りょ ryo
w	わ wa				を o			
[n]	ん n							
" - ten ten **k → g**	が ga	ぎ gi	ぐ gu	げ ge	ご go	ぎゃ gya	ぎゅ gyu	ぎょ gyo
s → z	ざ za	じ **ji**	ず zu	ぜ ze	ぞ zo	じゃ ja	じゅ ju	じょ jo
t → d	だ da	ぢ **ji**	づ **zu**	で de	ど do			
h → b	ば ba	び bi	ぶ bu	べ be	ぼ bo	びゃ bya	びゅ byu	びょ byo
° - maru **h → p**	ぱ pa	ぴ pi	ぷ pu	ぺ pe	ぽ po	ぴゃ pya	ぴゅ pyu	ぴょ pyo

small つ

つ short pause

Hiragana is based on the five vowels a, i, u, e, o. The characters written **bold** indicate sounds differing from the pattern. All other characters are made by combining a consonant with a vowel sound.

Answer Key

あ

つせもぬあ　あいさつ
りねねこわ　くた　お
わこはあさ　にたあち
されあちごは　へかよは
れいるれにめ　めるのる
わらいひむむな　にあいめ
　るあぬおぬす　えかぞ
　ましきやあ　ささけ
　いやつあの　ろみ

い

えらこ　む　おみらせ
りれいましょうねむひ
とほきや　へくけめり
すきか　ほみへりはい
ほそつりねくそきぬさ
いりそなめむゆむいう
よ　まるほみさろた
のえ　いちんさにうめ
いもうとなしえはわす
つまはほけすえはわす

う

るちきおたをるりそよん
うてふらなへえもぬちふん
すれきすやひいそゆひ
やのこふうみすたまえみわ
うのいほぎたるへれふ
りちるうちはせろつくき
きうくをりうまうたきわ
うえひかふさむわ

え

けたえんぴつけずりせ
へるえんしゅうなやんぎ
わもななゆえいごよえんと
となえだらむなせえまい
ねししええれさみおてん
んまつんええんさかえんお
みうんえんかさ　しぴかいを
はぬうんしぴつそけ
えいがきれつ　をそけ

お

ほろほた　らのそはそ
くやろ　たおおきいおて
くおふろひおとうとあら
おふよけそんやあれい
んおとこのこれつらら
おかあさんたおんなな
おにふろれむややつお
てておばあさんなうちゃ
ひさほなれいほへふり
むかのえすれわ

か

へる　つりうらほてねか
ゆちみくりつへやろばん
けくふへ　あそらひきな
まめかよからかちなか
さまぜぬわゆむいぞ
めろかんこうしゃくい
かわいいれのみをむ
けるほけわるこえ
かに　かわまんき
さ　きけまんえこき

き

く

け

こ

さ

し

かくれんぼ ひらがな パズル

す

```
よ こ と す て き に き う
お ね き ん そ め や え る お わ
そ む す け れ い ぬ と え
そ う が く は の し し え よ
す う を ひ く ふ は こ こ え お
ぬ を ひ ぬ は こ ゆ せ み
せ り す み ま せ ん
せ ひ こ す ば ら し い や り せ
う す す い か ひ わ や り せ
も こ す め さ え り せ
や や つ は す き や き す
```

せ

```
む せ も ろ す せ ん ぱ い を
か い せ も え も し ん て う ま
め つ も ら ね も そ を れ む む ゆ た か
わ せ ん た く せ ん せ い か や く
れ せ か い な ち へ も め の
ぬ ゆ は せ い ふ く ん つ て
す し に そ ほ そ せ い と ま へ
```

そ

```
お ん し ん す あ そ ぬ ん ん あ こ
ろ そ し ろ か す え ば と ろ ろ
そ う く た ら ち け く そ く
れ み そ え ゆ ち そ れ ん そ け ん そ
み つ そ う せ み お ん そ ふ お そ た
い ぎ ぬ よ に の じ ぬ め た
ね ろ ょ め ん み ほ ね こ ぬ
に う く こ の ほ い け ほ そ ん け い
ろ そ と そ ん け い
```

た

```
た わ こ ふ ほ て ち ろ み そ
か え か か に た い い く よ
つ た た ぶ ん は ろ さ て り ら
も べ え に ほ さ の つ と た
く る た ん じ ょ う び た
え た た つ せ と お ね し を
は な た の し い な う は て こ る
ぬ か は み な て ら た け
と せ つ む そ た つ き
む ほ す た ま ご も き め な
```

ち

```
ち ず れ ち さ ふ す れ え
ふ に い す さ わ ん れ わ ち
も ち す ふ ち ち に か か
ち よ い ね り ち て ゆ く
ち ぬ さ み て み う も
ょ ふ い に み れ ち せ は
う き み た ち こ ゆ や た
の ふ ち ち や せ こ と
き ぬ ゆ て ふ ゆ あ
の き な る と
つ よ ね や と
```

つ

```
ぬ む そ ね つ く え つ の も
あ つ め た い え す け い き
へ ま ふ つ ぼ は ふ る め ゆ
や わ せ り せ な ね さ つ り
ひ ま に お ん ふ つ ば も ふ
ほ へ ね え ひ つ か あ と あ
つ り ば し か け た う め
と ん に け ま け
の ま と か り に
ら う む つ れ
```

て

てちょう　くしめをろこね
かり　はくちせそふちね
てつどう　たふるにやにな
てぶくろ　たおやぬにほらと
てすぬ　むそうにぬねくねんあ
てよもま　うそにれるねくあえおそ
ねたわつ　みあてんれらへん
ふまわあつ　きえわそ
だう　てんき　え
つ　てんらん　す
てんぷら　に

と

ちわむと　てのかけせく
らきねとふ　ろいもてあたけのかけ
さわとふせ　ろなきょうあためのかせく
なさとほりおせ　へなとうきょう
えことさ　なほりとびらせとけるあたけ
くさえことこ　なおなりとけいり
あしことこなお　とあとけい
むとあとけるむ　とくくせたらにめもれめ
もとくくそせやけたらにふおえけ
れだのうもまおえ
めちぬへふかかせく

な

れわゆんなっとういれ
もてるみなっとになつきて
そるなつやすみ
をらまくなんやすみ
にらまつてなんせいる
ひまはこちふむなおわ
なをはこきよめなが い
にむやなみひむすきわ
きやなこひやすひ
しのぬすもらなまえ

に

せへきさるされほはいへ
にほんご　にじ　へたれそ
にほんご　にじ　へたれそ
やしむりへ　たいれそき
しはにく　にこついきねめろ
んかっき　おいちはんしろ
へ　きおえあたろしむ
にしんふ　たろむよちおま し
そにくにむよそましむ
きわとわちそま
へにわとり　すにんじん

ぬ

ぬやるらをぬあにへち
くもりほんぬまはつぬいつま
よよるにみかにさめつめ
もるめすすゆれいくんつ
りめぬれとむるんつま
ほんぬちもてぬいつ
んにするたれいえ
ぬゆめこぬけそるき
まとてちこぬぐりけれま
はせてらくさきれは
つとれこりけきさ

ね

ねそちいもこめ
るけあ あすもあきねむぬもさつう
ねふおこつろせしねいろはか
ごさなたんつしなきの
けねをねこるねまきそ
あひのねふいうそぬとま
こなねがんねつむすねそ
めずねほねとねとほを
りんうねんんどえおの
んこめぬんさきう

の

```
ま の う か い の ど む ろ ゆ
な つ ら せ も ふ る ひ る ち
ふ の へ し ふ ん ち ち よ お
わ た こ の た け ふ く へ こ
た の く き す も よ く こ ゆ
こ ま ほ め も め り ち つ こ
ゆ あ み の こ ぎ り 　 ぬ わ
```

は

```
は し や え ね ふ 　 と こ は よ
く の お よ 　 た に た ち い み
せ ん し て し て き を あ ま え
は ゆ ま り は た け よ ま へ
な あ は な せ に つ う き ち し
る や て め た ま き け は こ る
つ ま く か は ん ぶ ん こ し ぬ
む は み は る れ の ね わ ぬ
```

ひ

```
ひ は て ひ こ こ の な す め め
こ ゆ り せ お し さ ひ も ま ひ
つ お に る ふ の も を と こ ひ
や り め そ ふ や た そ ぬ ひ き
ひ く ふ り へ の そ や は ひ げ
す ま い や の く そ み ほ は
ひ も ま ひ こ う じ み い ひ い
お さ ふ る や ぬ み む
て え ひ が し か て ぬ
```

ふ

```
ま よ ち 　 う や ま き お む
た か な 　 ふ う さ せ ぬ え
す け し か す た や く ほ え
ち つ り ふ る ね ふ く ろ け
よ ふ ふ て え ふ う せ ん ろ
は ね た ふ ん う こ て ろ し
ら お り た し ぬ ふ ゆ み
ま ん つ え た た お ふ み
よ ひ つ え ふ じ さ ん し ゆ
み に ね か さ ふ る ふ く
```

へ

```
へ わ へ た の は れ を ね わ
ひ ら ぬ て る へ ほ へ ん
せ む よ に こ よ く へ る
な き け こ ち へ や ら ふ
と り ふ ま て い つ は へ そ
そ け て て ま お く い あ け
ほ を へ あ た く へ ん ゆ ち
ま ろ へ ら す よ わ へ じ
か も へ と ふ ぬ な つ よ そ
そ ん へ る め っ と ひ ふ ら
```

ほ

```
く れ ゆ し や し て ひ に
く ね ま い ひ の ほ う く ぬ
い は い 　 て る ほ そ い す
ゆ し こ ほ こ つ ね ん お す
め お か ほ ほ ん と う す て
と た ほ ゆ ほ ぺ う す
り せ る ほ よ の ほ や あ
へ さ ん し ん あ て ん お
き め も ほ さ ん な そ ん し
あ こ ぬ ろ は
```

ま

ほろろまげるさとおねは
まれしちみをへきぬまち
わしむわをやなわけゆち
まひあてなわてまんくら
つろやぬふへしえまつ
るなぬめわみんどまた
まくめわみをゆさ
すめわみゆわうさ
あしみをゆわに
えよぬぬんえ

み

たけからいよすみち
くわさりうおけ
ねじかゆりはけ
みるんはせゆぬを
もいえもてしととは
いみるかおち
たみええみねく
ぎたいもみねく
くみたつみんなはゆ
ほやみえみみにこほさん
えへみずわくさまよ
みせみずうみも
かやもはあつを

む

きをむへむしむゆやおを
たあこきむいむよいあて
けらわきのせむねわはま
ふよをむほかせやと
やねのをらむゆたもくい
きかにあむしすはやえ
もわきまきょやめわ
むいさくおんへむ
もむすこうやそら
きさ

め

まけはゆせおもすよま
きてのてい はせわゆぬ
めぬきねねめぐるのめ
くめんきょをめぐみも
るさめだまにいやあみ
うめがねもくうめがみ
ゆえけまめまいをゆ
まわおほろねにほまぬ
ろ けめんどうめへほん
にみねいまめんやせん

も

やきよらこよすものの
るみほまもじもかあは
もしままにあみわう
えほつのとにんたんよ
めまふははわくをる
もりもわきてひもしぬ
むらだいねれちぬま
そもうおへにろん
ふれちおのりなり

や

りんさんなやけやふとをわ
やさいしやおまえちひ
んおくうなふかやむえね
なぬきくそなちぬ
ふおきゆやくすい
しうやましすい
そちんおやくざい
やすみほほえい

ゆ

```
ほ け ゆ ゆ ね け な
し て う お お つ す
や ゆ う う う し へ
る め し が し ま た
な い ま す か ゆ を
を か す か ゆ か お
お む か ゆ も び の
の こ ゆ う あ ん ほ
ほ ろ う き い き く
く み り ら さ ょ て
て ふ さ れ え く
```

ゆうびん　ゆうがた　ゆきだるま　ゆうめい　ゆうびんきょく　ゆめ

よ

```
あ け よ ね ゆ よ よ さ よ
き な う き た き う わ る
お よ じ た く じ て こ
う ち そ ね ん ち い
ち ね な わ す ふ そ ん
え た く ち む し な の
ん ね ん ね す ゅ れ ま
そ の よ う て う を り
ま れ ち れ る よ ぬ
り な ひ
ぬ そ
```

あきらめる　よなか　じてんしゃ　よわい　よろこび

ら

```
よ ら ゆ け せ な ら い ね ん
し な ま た き お こ ら く
さ も け け せ く す
ら い し ゅ う ら い お ん く
ふ え た ら め さ ゆ も か て
に ら れ ん れ あ い て お
む く さ ぼ て さ ん き り
ね え こ ら う ら っ き ょ
え か ら め ら ん ぷ ら っ こ
す め か い ら ろ
```

らいしゅう　らいおん　らくだ　らっぱ　らっこ

り

```
を へ り く ま や そ く
つ う ょ わ ん と す や す
り そ う ま り ろ い と さ る や る
い ま さ り つ し わ ふ が え と
を ん も り ん り ほ ま く
ん せ ち り す ぼ そ く ゆ
い い り ん ど を て あ け め
ょ り ふ い す あ
```

りょうしん　りょうり　りす　りぼん

る

```
ん し え る い ぎ ご む て
い せ の い ち め り ね し
こ に る た き ゆ け め
と き ふ へ ろ り ゆ ね
ろ り を い の く く い
ひ と ゆ な ゆ へ ら り
こ も ろ わ え む き か
せ の と り も も い つ
た せ ぬ い じ か
る る れ も よ る い
る す ば ん よ る
```

るすばん　るい

れ

```
れ っ し ゃ く ひ む け す
る ふ れ い ま り れ て く
し う ろ や き と わ み ぬ
ぬ や た り の る た り
ん な あ お え か め ろ
つ い い ふ ち ん と い
れ こ そ ち め め た
つ は ゆ お ら く
や の わ ゆ い ふ
```

れっしゃ　れいぞうこ

ろ

```
ふ り た く お に の ね
ほ た た け ん ち ね め
ろ ひ ほ せ す む ふ み
へ た ふ う め こ か
ろ り ゆ び す く わ ら
り え る た を ろ し り
え お ん へ ろ じ く
お ゅ ょ
```

ろうか

わ

```
わ ら い ひ わ ざ
い い ぬ つ る い
ん せ か は て む
う か わ た よ は
き ら せ く ぬ
は う か も け
せ り す き
ね も く ふ
め る さ
```

わらう　わるい

YOU MADE IT!

Publishing Details (Impressum) is required under Austrian law:

Hiragana Kids

© 2023 Christopher Hacker

Graz, Austria

Contact: chrisomatico.pod@gmail.com

Made in the USA
Las Vegas, NV
05 August 2024